Nouuel abécédaire

Illustré

1848

445

LE

NOUVEL ABÉCÉDAIRE

ILLUSTRÉ.

X

Nota.

Ce petit livre est imprimé sur papier collé, afin que les Enfants puissent en colorier les dessins.

IMPRIMÉ
CHEZ PLON FRÈRES,
RUE DE VAUGIRARD, 36.

LE NOUVEL

ABÉCÉDAIRE

ILLUSTRÉ

PAR MM. DAUMIER, FOREST, GRANDVILLE,

ET AUTRES ARTISTES

DU

MUSÉE PHILIPON.

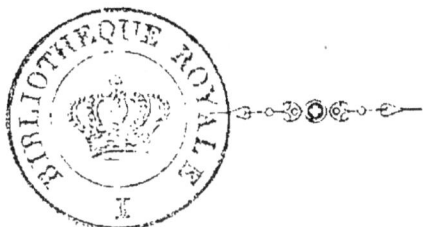

PARIS

AUBERT ET CIE, ÉDITEURS,

PLACE DE LA BOURSE, 29.

AVIS PRÉLIMINAIRE.

N ous avons cru devoir, dans cet abécédaire, adopter la nouvelle méthode de prononciation des lettres. Nous ne saurions trop recommander aux maîtres de s'y conformer, en ce sens qu'elle facilite beaucoup l'épellation. Par suite de ce changement opéré dans la prononciation, nous rappellerons que toutes les lettres, sans distinction, sont du masculin.

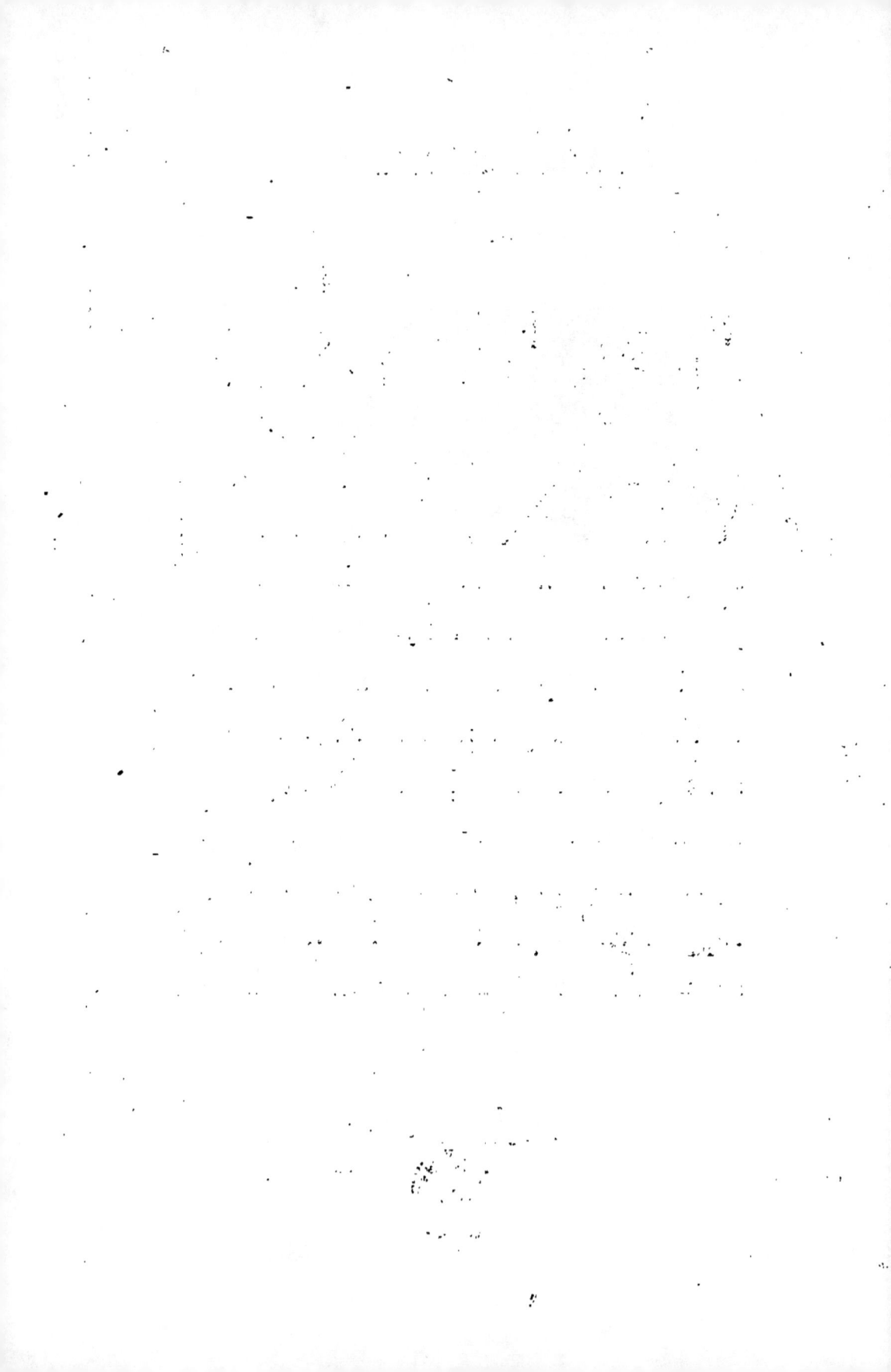

MAJUSCULES.

A	B	C	D	E
F	G	H	I	J
K	L	M	N	O
P	Q	R	S	T
U	V	X	Y	Z

MINUSCULES.

a	b	c	d	e
f	g	h	i	j
k	l	m	n	o
p	q	r	s	t
u	v	x	y	z

GOTHIQUES.

a	b	c	d	e
f	g	h	i	j
k	l	m	n	o
p	q	r	s	t
u	v	x	y	z

PRONONCIATION.

A B C D E

a   be   ce   de   e

F G H I J

fe   gue   ache   i   je

K L M N O

que   le   me   ne   o

P Q R S T

pe   que   re   se   te

U V X Y Z

u   ve   cse   i ou i grec   ze

REMARQUES

SUR LA PRONONCIATION.

C suivi de *h* se prononce comme dans *brèche ;* ç avec une cédille comme *s : poinçon ; c* suivi de *e* ou de *i* se lit encore comme *s : ceci.*

G suivi de *e* ou de *i* se lit comme *j : rage, giron ;* suivi de *n* il se prononce comme dans *Bretagne ;* de *u* comme dans *guenuche* — *gea, geo* se lisent *ja, jo : geai, geôlier.*

L Le son propre de cette lettre est *le ;* il conserve habituellement cette prononciation à la fin des mots; toutefois il s'élide dans la prononciation des mots suivants : *baril, coutil, fenil, fournil, fusil, outil, gril, nombril, persil,* et *gentil* dans la signification de *joli;* cependant si cet adjectif est suivi d'une voyelle, la lettre *l* prend le son mouillé : *gentil enfant.* On représente l'articulation mouillée 1° par la seule lettre *l* quand elle est finale et précédée d'un *i*, à l'exception des mots *fil, Nil, mil* (nom de nombre), et des adjectifs en *il*, comme *vil, civil*, etc., où la lettre *l* garde sa prononciation naturelle. 2° On représente l'articulation mouillée par *ll* dans le mot *Sulli* et dans ceux où il y a avant *ll* un i prononcé comme dans *fille, anguille, pillage, cotillon, pointilleux.* Il faut excepter *Gilles, mille, ville,* et tous les mots commençant par *ill*, comme *illégitime, illumine, illusion,* etc. L'usage apprendra le reste.

PH se prononce *fe.* La lettre *p* ne se fait pas sentir dans l'articulation de quelques mots : *baptême, baptistaire, baptiser, Baptiste, exempt, compte, prompt,* etc.

Q La lettre *q* est toujours suivie d'un *u,* à l'exception d'un très-petit nombre de mots, comme *coq, cinq.* Le *q* initial, ou dans le cours d'un mot, conserve toujours le son *que* qui lui est propre. *Q* final sonne dans *coq* et *cinq,* excepté dans les cas où ces mots sont suivis immédiatement et sans aucun repos d'un mot qui commence par une consonne, comme dans *coq d'Inde,* qu'on prononce *co d'Inde; cinq garçons, cinq filles,* qu'on prononce *cin garçons, cin filles.* Mais on le fait sentir dans *coq de bruyère, coq-à-l'âne,* et dans tous les autres cas.

QU a le son de *cou* dans *aquatique*, *équateur*, *équation*, *in-quarto*, *quadragénaire*, *quadragésime*, *quadrature*, *quadruple*, *quadrupède*, *quadrige*, *quakre*, *quaterne*, etc., que l'on prononce *acouatique*, *écouation*, etc.

S entre deux voyelles se prononce comme *z : maison*.

T devant un son qui commence par un *i* se lit souvent comme *s : ambition*.

X La lettre *x* ne se trouve qu'au commencement d'un très-petit nombre de noms propres empruntés des langues étrangères. Il faut l'y prononcer avec la valeur primitive *cs : Xerxès*, prononcez *csercsès*. Quelquefois *x* se prononce comme deux *ss : Bruxelles, soixante* et ses composés, prononcez : *Brussel, soissante*, etc. D'autres fois *x* se prononce comme *gz ;* c'est lorsque, se trouvant entre deux voyelles, la première est un *E* initial ; et dans ce cas la lettre *h* qui précéderait l'une de ces deux voyelles est réputée nulle, comme dans *examen, hexamètre, exécution,* etc. Enfin, à la fin des mots *x* ne se prononce pas ou se prononce comme *z,* excepté dans les deux adjectifs numéraux *six, dix,* lorsqu'ils ne sont pas suivis du nom de l'espèce nombrée, cas auquel *x* se prononce par un sifflement fort. *J'en ai dix.*

Y La lettre *y* a le son d'*i* simple lorsqu'elle forme un seul mot : *il y a,* ou qu'elle est à la tête de la syllabe avant une autre voyelle : *yeux, York, yacht.* Elle a le même son entre deux consonnes : *acolyte.* Placé dans un mot entre deux voyelles, *y* a le son de deux *i :* *pays, frayeur.*

VOYELLES ET CONSONNES.

L'Alphabet se compose, ainsi qu'on l'a vu, de vingt-cinq lettres. Ces lettres se partagent en voyelles et en consonnes.

Les voyelles sont :

a e i o u y

Ces voyelles sont tantôt longues, tantôt brèves : elles sont toujours brèves lorsqu'elles ne sont pas surmontées de ce signe ê qu'on appelle accent circonflexe. Les voyelles longues sont ainsi figurées :

â ê î ô û

Parmi les voyelles brèves la prononciation

de l'*e* se modifie selon qu'il est ou non surmonté des deux signes ´ `, que l'on appelle le premier accent aigu et le second accent grave.

L'*e* sans accent est dit *e* muet et se prononce comme dans *le*.

L'*é* accompagné de l'accent aigu est dit *é* fermé, parce qu'il se prononce la bouche presque fermée, comme dans *été*.

L'*é* accompagné de l'accent grave est dit *é* ouvert, parce qu'il se prononce la bouche ouverte, comme dans *père*.

Es, dans les mots qui ne se composent que d'une seule syllabe, se prononce *é* : *les, ces*.

Er, et, ez se lisent de même : *protéger, cadet, favorisez*.

E précédant deux consonnes se prononce *è* : *belle, déteste*.

Em, en se lisent par fois *an* : *embellir, entraîner*.

Les voyelles longues se prononcent en appuyant dessus et en articulant longuement, comme dans *pâte, bête, gîte, apôtre, mûre.*

Les consonnes sont :

b c d f g h j k l m n p q

r s t v x z

Ces lettres ne forment un son que lorsqu'elles sont jointes à des voyelles. La lettre *h* ne se prononce souvent pas, et s'élide dans l'articulation. Exemple, *homme, honneur :* prononcez *omme, onneur.* Dans quelques mots elle fait aspirer la voyelle qu'elle précède ; exemple : *hareng.* Dans ce dernier cas on l'appelle *h* aspirée ; dans le premier cas on l'appelle *h* muette.

Les lettres forment des syllabes; les syllabes forment des mots.

La syllabe est un son simple ou composé
prononcé avec toutes les articulations par
une seule impulsion de voix : *ba, be, bi, bo,
bu, ca, ce, ci, co, cu, da, de, di, do, du,* etc.
Bon ton, etc. Les syllabes se composent d'une
ou de plusieurs lettres.

Le mot est une réunion de sons articulés
ou de syllabes devenue la représentation
d'une idée, exemple : *mé-re.*

CHIFFRES ARABES.

1 2 3 4 5 6 7 8 9 0

un, deux, trois, quatre, cinq, six, sept, huit, neuf, zéro.

CHIFFRES ROMAINS.

I II III IV V VI VII VIII

un, deux. trois, quatre, cinq, six, sept, huit,

IX X

neuf, dix,

L C D M

cinquante, cent, cinq cents, mille.

ABRÉVIATIONS.

M.	Monsieur.		S. S.	Sa Sainteté.
MM.	Messieurs.		C-à-D.	C'est-à-dire.
Mme	Madame.		P. S.	Post-scriptum.
Mlle	Mademoiselle.		N. B.	Nota benè.
S. M.	Sa Majesté.		N°	Numéro.
N. S.	Notre Seigneur.		Ex.	Exemple.
J.-C.	Jésus-Christ.		Etc.	Et cætera.

L'usage apprendra les autres.

HISTORIETTES

ET

IMAGES.

A-po-thi-cai-re.

On ap-pel-le ain-si un in-di-vi-du qui fait et vend des re-mè-des, ou qui ad-mi-nis-tre des mé-di-ca-ments sui-vant l'or-don-nan-ce du mé-de-cin.

Apothicaire.

(Pharmacien).

B ri-gands.

—

Vo-leurs de grands che-mins, qui vont tou-jours ar-més et qui mas-sa-crent sans pi-tié les fem-mes et les en-fants, s'ils é-prou-vent de la ré-sis-tan-ce.

Brigands.

Chas-seur.

Per-son-na-ge qui, mu-ni d'un fu-sil ou d'u-ne ar - me quel - con - que, pour-suit à tra -vers la cam-pa-gne le gi-bier ou les bê-tes mal-fai-san-tes pour les dé-trui-re.

Chasseur.

Da-mes.

Qua-li-fi-ca-tion des fem-mes ma-riées. On ap-pel-le en-co-re ain-si un mor-ceau de bois ou d'i-voi-re ar-ron-di et plat pour le jeu de da-mes et de tric-trac.

Dames.

E lé-phant.

C'est le plus gros de tous les qua-dru-pè-des. Dans l'In-de les Na-babs ou grands sei-gneurs s'en ser-vent com-me de mon-tu-res, et les cou-vrent a-lors de hous-ses bril-lan-tes.

Éléphant.

Fran-co-ni.

Nom d'un cé-lè-bre é-cu-yer qui a é-ta-bli un spec-ta-cle de vol-ti-ges aux Champs-É-ly-sées, où l'ha-bi-le-té des ca-va-liers le dis-pu-te à l'in-tel-li-gen-ce des che-vaux.

Franconi.

Guer-rier.

Hom-me de guer-re. La gra-vu-re re-pré-sen-te un che-va-lier ar-mé de tou-tes piè-ces, a-vec son cas-que, sa cui-ras-se, son é-pée et te-nant un dra-peau; en un mot, prêt à com-bat-tre.

Guerrier.

H is-tri-on.

On dé-si-gne ain-si un mau-vais co-mé-dien, un pail-las-se, un in-di-vi-du qui mon-te sur des tré-teaux, fait des tours, joue des far-ces et lan-ce des quo-li-bets pour fai-re ri-re.

Histrion.

I - diot.

Ê-tre dé-pour-vu d'in-tel-li-gen-ce, dont l'es-prit n'est point é-clai-ré par les lu-miè-res de la rai-son; sor-te de bru-te qui n'a guè-re de l'hom-me que la for-me et la fi-gu-re.

Idiot.

Jour-nal.

—

É-crit pé-ri-o-di-que con-te-nant les nou-vel-les de cha-que jour, le ré-cit des é-vé-ne-ments in-té-res-sants, et une ap-pré-ci-a-ti-on rai-son-née des faits.

H. DAUMIER

ANDREW. BEST & LELOIR.

Journal.

K i-os-que.

P a-vil-lon, cons-truit or-di-nai-re-ment sur la ter-ras-se d'un jar-din, dans le sty-le o-ri-en-tal, et des-ti-né à ser-vir de ren-dez-vous de pro-me-na-de.

Kiosque.

Lai-tiè-re.

Fem-me qui vend du lait. Tous les ma-tins, à Paris, et dans les gran-des vil-les, on voit ar-ri-ver de la cam-pa-gne ces mar-chan-des qui dé-bi-tent leur lait en se te-nant as-si-ses au coin d'u-ne bou-ti-que.

Laitière.

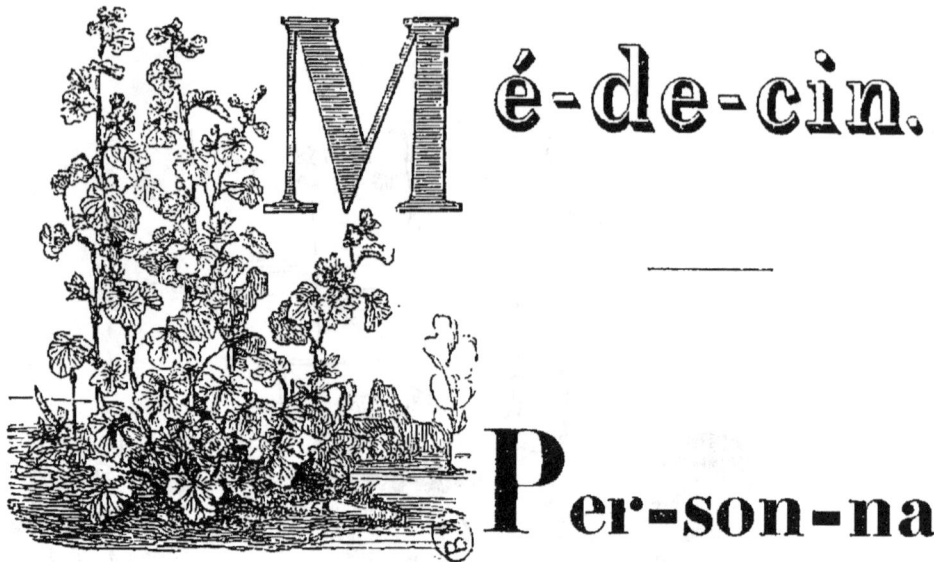

Mé-de-cin.

Per-son-na-ge qui pro-fes-se et ex-er-ce l'art de con-ser-ver la san-té pré-sen-te et de ré-ta-blir cel-le qui est al-té-rée; en d'au-tres ter-mes, qui pra-ti-que l'art de gué-rir.

Médecin.

N a-vi-re.

On dé-si-gne sous ce nom tou-te es-pè-ce de vais-seau, c'est-à-di-re tout bâ-ti-ment de char-pen-te cons-truit d'u-ne ma-niè-re pro-pre à flot-ter et à ê-tre con-duit sur l'eau.

Navire.

O pé-ra-teur.

Ce mot se prend com-mu-né-ment pour un char-la-tan qui dé-bi-te ses re-mè-des et qui vend ses dro-gues en pla-ce pu-bli-que.

Se dit aus-si d'un chi-rur-gien.

Opérateur.

PRI-SON-NIER.

Mal-heu-reux qui pour un cri-me ou un dé-lit quel-con-que est pri-vé de sa li-ber-té et ren-fer-mé dans un li-eu de dé-ten-ti-on sans pou-voir sor-tir pen-dant tou-te la du-rée de sa pei-ne.

Prisonnier.

QUE-REL-LE.

Con-tes-ta-ti-on, dis-pu-te a-ni-mée, à la sui-te de la-quel-le s'en-ga-ge sou-vent u-ne lut-te, et se fait un mu-tuel é-chan-ge de coups de pieds et de coups de poings.

Querelle.

R O-BERT-MA-CAI-RE.

P er-son-na-ge i-ma-gi-nai-re, de mê-me que Mayeux, ca-ri-ca-tu-re po-pu-lai-re qui de nos jours pas-se pour ê-tre le ty-pe de l'in-tri-gant, du four-be et du fai-seur de du-pes.

Robert-Macaire.

S^t a-lon.

Pi-è-ce d'un ap-par-te-ment or-née a-vec soin et des-ti-née à re-ce-voir com-pa-gnie, à jou-er, se re-po-ser, cau-ser, dan-ser, fai-re de la mu-si-que, etc.

Salon.

urc.

—

THa-bi-tant de la Tur-quie, vas-te pays, dont le ter-ri-toi-re s'é-tend é-ga-le-ment en Eu-ro-pe et en A-sie. Les Turcs pro-fes-sent la re-li-gi-on de Ma-ho-met, en-sei-gnée dans le Ko-ran.

Turc.

U-NI-FOR-ME.

———

En ter-me d'art mi-li-tai-re ce mot dé-si-gne l'ha-bil-le-ment qui est pro-pre aux of-fi-ciers et sol-dats de cha-que ré-gi-ment.

Gar-de na-ti-o-nal en u-ni-for-me.

Uniforme.

V a-let.

In-di-vi-du aux ga-ges de quel-qu'-un et qui sert en qua-li-té de do-mes-ti-que. Ce ter-me a quel-que cho-se de mé-pri-sant et em-por-te un sens de dé-ni-gre-ment.

Valet.

er-xès.

X Roi de Per-se, fa-meux par son or-gueil, et par les dé-fai-tes que lui fi-rent é-prou-ver les Grecs, qu'il vou-lait sou-met-tre à son vas-te em-pi-re. Il fut as-sas-si-né l'an 465 a-vant J.-C.

Xerxès.

Y acht.

pro-non-cez *ia-que.*

Sor-te de bâ-ti-ment (na-vi-re) qui va à ra-mes et à voi-les. Les Yachts sont fort en u-sa-ge en An-gle-ter-re.

Dans ce mot l'y est as-pi-ré.

Yacht.

Zé-phi-re.

Dieu de la fa-ble, fils de l'Au-ro-re. On le re-pré-sen-tait sous la for-me d'un jeu-ne hom-me ay-ant sur la tê-te u-ne cou-ron-ne com-po-sée de tou-tes sor-tes de fleurs.

Zéphire.

LE VOL

DE

L'HIRONDELLE.

l-fred é-tait un jeu-ne en-fant
qui ai-mait beau-coup son
pè-re et qui sui-vait en tous points
ses le-çons. Il cou-rut un jour
vers lui : « Mon cher pa-pa, lui
dit-il, vois donc là-bas sur la ri-
viè-re cet-te hi-ron-del-le qui vo-le

ain-si de bas en haut. Au moment de prendre son es-sor el-le
bat ra-pi-de-ment des ai-les;

mais bien-tôt a-près el-le les lais-
se é-ten-dues pres-que sans mou-

ve-ment, et pour-tant elle fend l'air a-vec au-tant de vi-tes-se qu'u-ne flè-che. »

Le pè-re ré-pon-dit : « Cet-te hi-ron-del-le est l'i-ma-ge de l'hom - me dans son vol vers le bien. Quand il veut s'é-le-ver au-des-sus de l'é-go-ïs-me et des vi-ces qui af-fli-gent l'hu-ma-ni-té, il lui en coû-te, au com-men-ce-ment, beau-coup d'ef-forts; mais, dès qu'il s'est é-le-vé dans les ré-gi-

ons de la ver-tu, il s'y sou-ti-ent
sans pei-ne. »

LA PLUIE

SUR LE SABLE.

————

Bé-ni soit Dieu! La ter-re é-tait des-sé-chée, le so-leil brû-lant de l'é-té a-vait fait jau-nir les plan-tes et les feuil-les des ar-bres, et le ciel a ac-cor-dé à la na-tu-re u-ne pluie bien-fai-san-te! mais le temps est re-de-ve-nu se-rein.

Un jeu-ne en-fant et son pré-
cep-teur se pro-me-naient quelques heu-res a-près la pluie sur
le bord d'un fleu-ve, dont les ri-
ves é-taient ta-pis-sées de sa-ble ;

des gout-tes d'eau, sus-pen-dues

aux ti-ges ou po-sées dans le ca-
li-ce des fleurs ra-fraî-chies, brillaient com-me des per-les et des
di-a-mants : le sa-ble seul n'of-

frait au-cu-ne tra-ce, au-cun sou-
ve-nir de la pluie.

« **Ain-si**, dit le pré-cep-teur à
« son é-lè-ve, le sou-ve-nir, la tra-
« ce du bien-fait dis-pa-rais-sent
« promp-te-ment dans le cœur de
« l'hom-me, lors-que le vi-ce, en
« le des-sé-chant, l'a ren-du sem-
« bla - ble au sa-ble a-ri-de ; le
« con-trai-re ar-ri-ve, lors-qu'au
« lieu du vi - ce c'est la ver - tu
« qui a - git sur lui. Que la
« crain-te de ren - con - trer des
« cœurs in - grats n'ar - rê - te
« pas tou-te-fois nos bien-faits.
« **I**-mi-tons le **Pè**-re cé-les-te,

« qui lais-se tom-ber la pluie
« sur le sable.»

LA PRIÈRE.

Cor-né-lie, gen-til-le enfant qui aimait Dieu, avait un char-don-ne-ret ; cet oiseau faisait sa joie. Elle cherchait à l'at-ti-rer tan-tôt en lui a-dres-sant de douces pa-ro-les, tantôt en lui offrant quel-ques grains de che-ne-vis. Mais le char-don-ne-ret était d'humeur sau-va-ge et n'ap-pro-chait pas.

Cela rendait Cor-né-lie triste, car

elle aurait voulu le porter sur son doigt, l'ap-pro-cher de sa joue, le toucher avec ses lèvres.

Après avoir fait in-u-ti-le-ment beaucoup d'efforts pour l'ap-pri-voiser, elle dit en elle-même : « Ne « nous montrons-nous pas souvent « aussi in-do-ci-les envers Dieu que « cet oiseau se montre sau-va-ge en-

« vers moi? sans cesse Dieu nous
« ap-pel-le de la voix la plus tendre,
« sans cesse il nous offre ses dons si
« pré-ci-eux ! Et pourtant, hélas !
« com-bien peu nous o-bé-is-sons à
« ses douces in-vi-ta-ti-ons; combien
« peu nousré-pon-donsàson amour,
« à ses bontés ! oh! oui! c'est bien
« mal de nous tenir ainsi toujours
« é-loi-gnés de Dieu, de ne pas aller

» à lui par la pri-è-re; de ne pas

« suivre ses com-man-de-ments;
« nous sommes des ingrats. »

Aus-si-tôt Cor-né-lie , les yeux
baignés de larmes se mit à genoux,
et sur les ailes de la pri-è-re, son
âme vola vers Dieu.

LE

BEAU ET L'UTILE.

Deux jeunes enfants, Adèle et Thé-o-do-re, se promenaient un jour en-semble, riant, causant, folâtrant. Ils ar-ri-vè-rent ainsi à un petit sentier qui tra-versait un champ, tout couvert de jeunes épis, dont les hautes tiges s'agitaient au souf-fle du zéphir. — Ah! les jolies fleurs! s'écria la petite Adèle, en désignant de gracieux bleuets, des co–que–li–cots éclatants, de modestes et o–do–ran–tes ca–mo–mil–les qui brillaient çà et là à travers le frais et vert treillis de hautes tiges et de jeunes épis.

— Il faut en cueillir, repartit Théodore. Et ils se mirent aussitôt à faire leur moisson tout le long du sentier. Ils en eurent bientôt une si grande quantité qu'ils ne savaient plus comment les tenir dans leurs mains.

Cependant les fleurs qui étaient plus avant dans le blé com-men-cè-rent à leur paraî-tre beaucoup plus belles que celles qu'ils avaient cueillies. Adèle et Théodore les dé-po-sè-rent sur le bord du sentier et entrè-rent dans le champ. Mais partout où ils pas-saient ils foulaient le blé sous leurs pieds et brisaient les épis. Ils ne songeaient pas, les enfants, au préjudice qu'ils causaient ainsi.

Or, il arriva qu'un propriétaire des envi-

rons, qui traversait la route à cheval, les aper-çut et leur cria :

— Enfants, que faites-vous donc là ?

Théodore se détourna aussitôt et répondit :

— Comme vous le voyez, nous cueillons des fleurs.

— Vous n'avez sans doute pas réfléchi, mes enfants, au tort que vous pouviez faire : voyez comme partout autour de vous le blé est renversé : comme ces tiges sont cassées ! comme les épis sont écrasés ! Vous ignorez donc que vous détruisez ainsi l'espoir du laboureur, et que vous rendez vains les bienfaits du ciel ; car toutes ces tiges, enfants, que vous avez foulées aux pieds vont se faner maintenant et périr ; jamais, dans ces épis dont vous avez détaché la fleur, le grain ne pourra se former désormais. Or, ne savez-vous pas que dans le petit grain de blé la nature prépare pour nous la farine, et qu'avec la farine on fait le pain que vous mangez?

Les enfants restèrent alors tout confus. Thé-o-do-re voulant néanmoins s'excuser dit:

— Nous ne comptions cueillir que de *belles* fleurs.

Mais l'homme répliqua :

— « Quiconque cherche et veut s'ap-pro-» pri-er ce qui est *beau*, ne doit pas pour cela « gâter ce qui est *utile*. »

Les enfants se hâtèrent alors de sortir du

champ et le pro-pri-é-tai-re ju-di-ci-eux poursuivit son chemin en se dirigeant vers sa demeure, jolie ferme qu'on apercevait dans le lointain.

Cependant Adèle et Théodore, ayant fait un gros bouquet de leurs fleurs, qu'ils atta-chèrent ensemble, con-ti-nuè-rent à se pro-mener gaiement dans le petit sentier.

Une prairie qu'arrosait un frais ruis-seau s'offrit à leurs regards.

Ils s'é-lan-cè-rent sur la pelouse et se di-ri-gè-rent vers le ruisseau. Ils le con-

tem-plé-rent et furent joyeux, car son onde
était calme et limpide comme un ciel pur et
transparent. En se penchant sur le bord on
pouvait aisément distinguer les petits cail-
loux et jusqu'aux racines des herbes qui ta-
pissaient le fond de son lit.

Alors Thé-o-do-re, qui comme il le disait,
voulait *se donner du plaisir*, se mit à tirer
l'une après l'autre toutes les fleurs que lui

et sa sœur avaient liées ensemble, puis il les
effeuilla.

Lorsqu'il eut rempli sa main de leurs dé-
bris, il s'amusa à les jeter dans le ruisseau.
Les enfants se di-ver-tis-saient mer-veil-leu-
se-ment; ils battaient des mains en regardant
toutes ces petites fleurs bleues, vertes, rou-
ges et jaunes qui nageaient et se jouaient sur
l'eau.

Mais le hasard conduisit encore de ce côté
l'homme qui les avait déjà rencontrés. Il
descendit de son cheval, l'attacha au tronc
d'un arbre, et s'approcha des enfants. Il se
tint quelque temps immobile et secouant
si-len-ci-eu-se-ment la tête en signe de mé-

con-ten-te-ment. A la fin pourtant il prit
la parole et dit : « Ces *belles* fleurs ne vous
font donc plus éprouver aucune sa-tis-fac-
tion, que vous les effeuillez ainsi et les jetez
à l'eau ? Pour les cueillir, ces *belles* fleurs,
vous fouliez, il n'y a qu'un instant, é-tour-
di - ment sous vos pieds le blé si pré-
cieux, si utile à l'homme, et maintenant, par
un nouveau caprice, vous abîmez ces *belles*
fleurs ! »

Cette fois les enfants de-meu-rè-rent tout-
à-fait honteux et baissèrent ti-mi-de-ment

les yeux. Alors le per-son-na-ge qui leur avait fait cette sage ré-pri-man-de ajouta avec intention : « Pour moi, je méprise celui « qui, sans estime pour ce qui est *beau,* sans « égard pour ce qui est *utile,* et seulement « pour satisfaire ses fantaisies, détruit égale- « ment le *beau* et l'*utile.* Puisse cette petite « leçon n'être pas perdue pour vous, mes en- « fants ! »

Et il s'éloigna.

Adèle et Thé-o-do-re s'em-pres-sè-rent à leur tour de quitter cette prairie, et tous deux s'en allèrent sans proférer entre eux un seul mot; mais ils repassaient dans leur mémoire les paroles qui leur avaient été adressées, et

ils commencèrent dès lors à ménager ce qui
est *beau* et à respecter ce qui est *utile*.

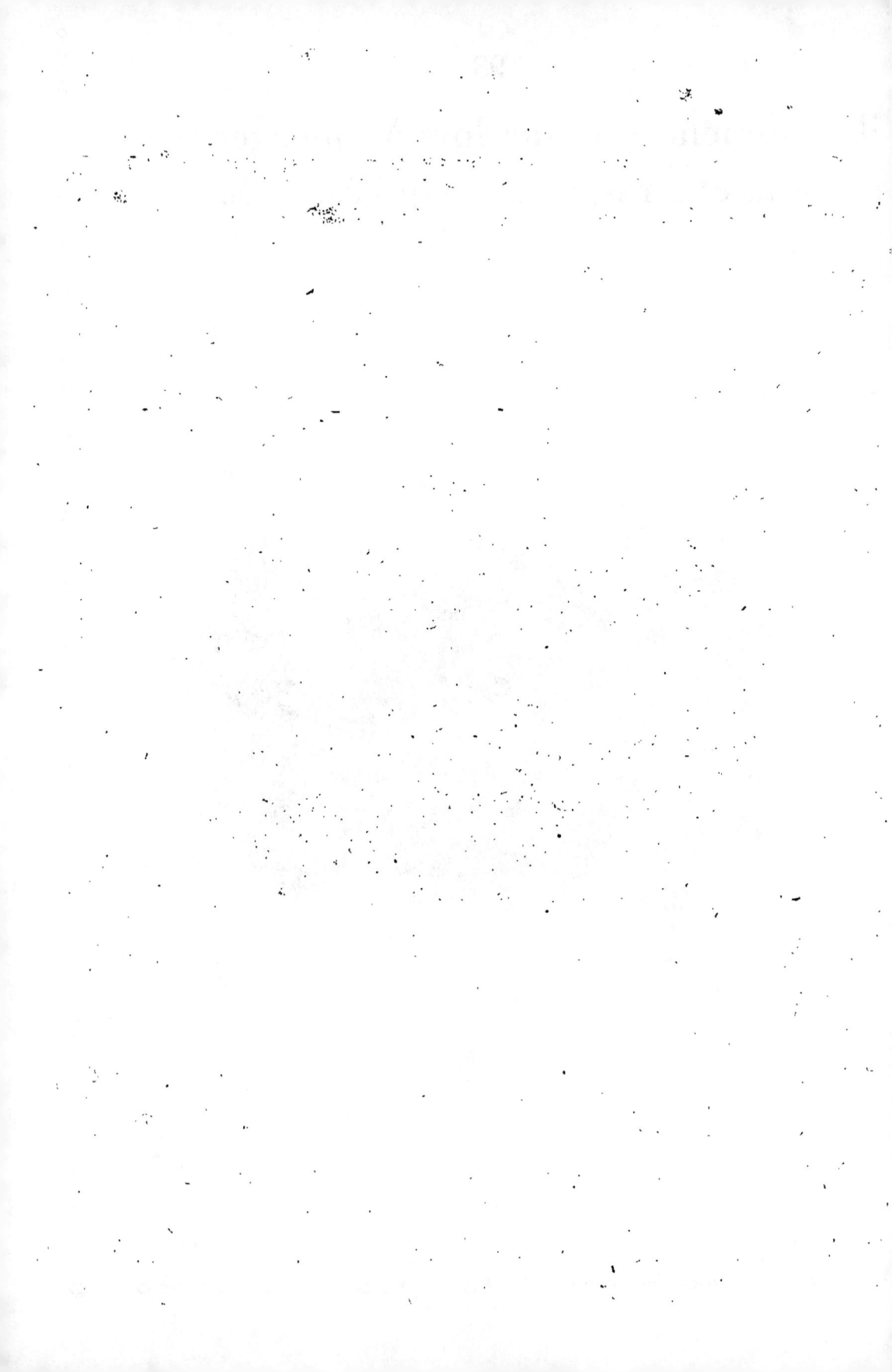

INTELLIGENCE

ET

FIDÉLITÉ D'UN CHIEN.

On raconte des choses merveilleuses de la sagacité et de la fidélité du chien, ce bel animal dont les qualités ont été si bien dépeintes par Buffon.

« Le chien, dit ce savant naturaliste, vient
« en rampant mettre aux pieds de son maître
« son courage, sa force, ses talents ; il attend
« ses ordres pour en faire usage : il le con-
« sulte, il l'interroge, il le supplie : un coup
« d'œil suffit..... Il ne se révolte pas contre

« les mauvais traitements; il les subit, les
« oublie, et lèche la main qui vient de le
« frapper. »

Lui a-t-on confié la garde d'une maison,
d'une ferme, sans cesse en éveil à la porte de
la niche, s'il sent de loin venir des étrangers,

il donne l'alarme par des aboiements réité-
rés, et, pour peu que ces étrangers veuillent
forcer le passage, il s'élance contre eux, les
combat et les contraint à ne pas franchir la
porte ou les barrières.

Citons un exemple de dévouement de l'un
de ces animaux à son maître.

Un fermier, traversant un jour une rivière tandis qu'elle était prise, la glace fonça au milieu de cette rivière, et il tomba dans l'eau. Il ne fut cependant pas entraîné par le courant, parce que son bâton, qu'il tenait à la main, était tombé en travers sur l'ouverture de la glace. Un chien dont il était accompagné, après avoir fait des efforts inutiles pour sauver son maî-

tre, courut à un hameau voisin, et saisit par l'habit le premier passant qu'il rencontra : cet homme effrayé voulut se dégager de l'a-

nimal et le frapper; mais le chien le regarda d'un air si touchant et si expressif, il le tira par son habit avec une si douce violence, que l'homme commença à croire que ce chien avait quelque chose d'extraordinaire à lui faire entendre, et se laissa conduire par l'animal, qui le mena assez à temps vers son maître pour le sauver.

L'Autruche

LE PÉLICAN.

(Apologue.)

 ous les enfants aiment les fables ! Vous aussi, j'en suis sûr, vous les aimerez, surtout quand vous saurez bien les comprendre. En voici une d'un auteur anglais, aussi simple, aussi morale que peut l'être un naïf apologue (fable et apologue, c'est tout un). Comme les acteurs qui y figurent sont une Autruche et un Pélican, expliquons d'abord ce

que c'est qu'une autruche, ce que c'est qu'un pélican.
Nous lirons ensuite la fable ensemble.

L'Autruche est un oiseau des déserts brûlants et
sablonneux de l'Afrique et de l'Asie, ces deux patries
des tigres et des lions.

Les Autruches se réunissent souvent en troupeaux
si considérables qu'à quelque distance on croit
apercevoir une troupe d'hommes à cheval.

Cet oiseau est monté sur de longues pattes, il a
quelquefois jusqu'à sept et neuf pieds de haut depuis
le sommet de la tête jusqu'à terre. Ses ailes sont

très-courtes, ce qui fait qu'il ne peut voler. Son dos, de la forme de celui du chameau, est couvert de poil.

Sa voix est une espèce de mugissement sourd et lamentable.

Les plumes de son corps sont noires; celles des ailes et de la queue d'un blanc de neige, longues et flottantes, se terminent par une pointe de noir. Si, comme nous l'avons dit, cet animal ne peut s'élever de terre, sa course est en revanche très-rapide.

L'Autruche est surtout précieuse à cause des plumes qu'elle fournit au commerce et dont les dames ornent leurs chapeaux. La chasse de cet oiseau est un des plus grands plaisirs que prennent les Africains.

On assure que l'Autruche est si stupide qu'au moment d'être atteinte par les chasseurs, elle cache sa tête croyant ainsi se rendre invisible.

Passons maintenant au Pélican.

Le Pélican est un oiseau pêcheur des deux Indes.

Son plumage est entièrement blanc, légèrement teint de rouge pâle, à l'exception de quelques plumes des ailes qui sont noires ; les plumes du cou ne sont qu'un duvet court ; celles de la nuque, plus allongées, forment une espèce de crête où de petite huppe.

L a tête est aplatie par les côtés ; les yeux sont petits et placés dans deux larges joues nues. Le bec a environ seize pouces de long et est aplati en dessus. Sous ce bec est une énorme poche membraneuse, en forme de sac, dans laquelle il fait une ample provision d'eau et de poisson pour ses petits, dont le nid est ordinairement placé sur une roche éloignée de la mer.

Le Pélican blanc est beaucoup plus gros que le cygne.

La tendresse du Pélican pour sa couvée a fait dire qu'il se déchirait la poitrine pour nourrir ses petits de son sang et de ses entrailles : ceci est un conte, sur lequel du reste repose l'apologue suivant.

MON Dieu, mon Dieu! qu'avez-vous donc? que vous est-il arrivé, ma pauvre sœur? Sans doute, vous avez été la victime de quelque bête féroce, de quelque oiseau de proie.

Heureuse encore de vous être échappée mourante de ses griffes cruelles!

C'est ainsi que parlait madame l'Autruche, en s'adressant, avec sa voix criarde, à sa voisine, la femelle du Pélican, dont le sein était tout sanglant encore d'une blessure récente.

VOISINE, répondit cette dernière, cessez vos lamentations. Aucun accident fâcheux ne m'est en effet arrivé. Il n'y a dans ce qui vous fait jeter les hauts cris rien d'extraordinaire. Cessez de vous apitoyer sur mon sort. J'ai, suivant ma coutume, veillé sur mon nid. J'ai soigné mes petits, je les ai nourris d'un sang pur, puisé dans ma poitrine.

— Votre réponse, ma mie, m'étonne plus encore que le triste état où je vous vois. Est-ce donc, en vérité, votre habitude de déchirer votre propre corps, de répandre votre propre sang, de vous sacrifier tout entière aux cris importuns de vos petits?

Je ne sais vraiment ce qui doit exciter le plus ma pitié de votre misère ou de votre folie. — Ah! croyez-moi, songez un peu à vous, et abandonnez cette coutume barbare de mettre votre corps en lambeaux : laissez la Providence veiller sur vos enfants, et ne vous occupez pas d'eux. Prenez exemple sur moi. Je dépose mes œufs sur la terre, et je les recouvre légèrement de sable; ne sont-ils pas, par bonheur, brisés sous les pas des hommes ou des animaux, la chaleur du soleil les couve et les fait éclore; puis, au temps voulu, mes petits brisent leurs coquilles. J'abandonne alors à la nature le soin de les nourrir et aux éléments celui de les élever. Je ne m'inquiète pas d'eux

le moins du monde; eux, de leur côté, ne s'inquiè-
tent pas de moi. Dieu veille sur eux.

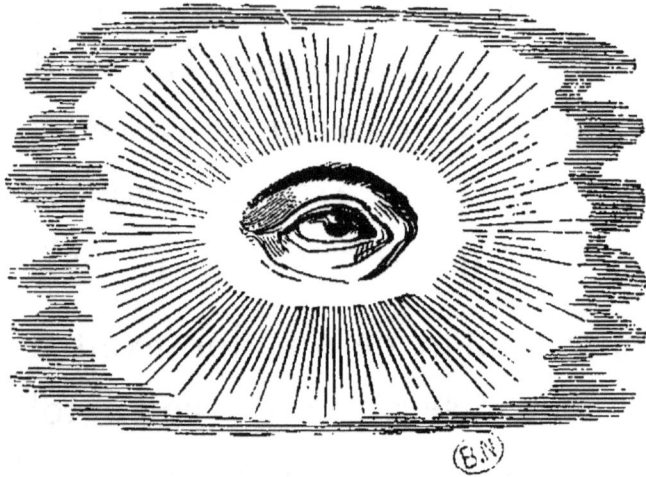

nfortunée créature! répliqua le bon oiseau
avec feu! malheureuse qui, par ta dureté et
ton insensibilité naturelle, as rendu inutile
pour ton bonheur la naissance de ta famille! pauvre
insensée, qui ne connaît ni les douceurs de l'anxiété
maternelle, ni les délices des souffrances maternelles!
Quelle est la créature qui ne prend pas soin de ses enfants? Ne prenons pas des exemples parmi les *grands*;

allons les chercher parmi les petits. Vois la poule et
ses poussins. Attend-elle qu'un étranger ou le ha-

sard pourvoient à leur subsistance ? Non, non, ce
n'est pas moi qu'il faut plaindre, c'est toi. Ton man-
que d'affection peut bien te libérer d'un embarras
momentané et d'une fatigue légère, mais, en te fai-
sant négliger un devoir sacré, elle te prive aussi des
jouissances qui l'accompagnent; jouissances les plus
exquises que la nature nous ait départies, devant les-
quelles la douleur elle-même s'allège, s'évanouit, ou
sert encore à en rehausser le prix. »

La Fable est finie, mes chers enfants, asseyons-
nous un moment sous ce frais ombrage.

Je vais vous en expliquer le sens, qui du reste est
facile à saisir. Qu'est-ce que nous représente l'Au-

truche? Une mère paresseuse et frivole, qui n'est oc-
cupée que d'elle-même, et laisse ses enfants aux soins
mercenaires des valets, ou même les abandonne à
leur propre garde, ne surveillant ni leurs études ni
leurs jeux.

Ces mères-là sont, Dieu merci, bien rares ! Qu'est-
ce au contraire que la femelle du Pélican ? sinon
l'emblème d'une mère tendre, affectueuse, qui élève
sa famille dans les principes de la sagesse et de la

vertu ; une mère qui donnerait sa vie pour ses enfants ;
et ces mères-là,

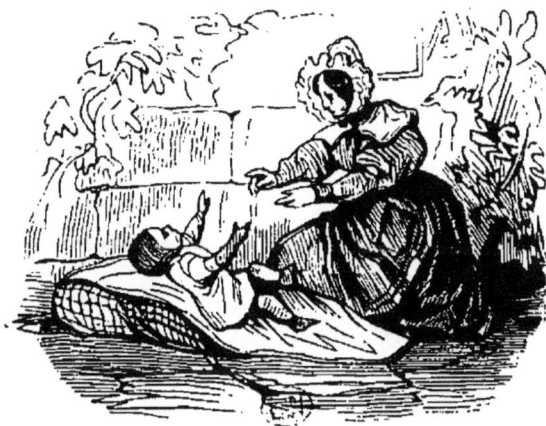

grâces au ciel, ne sont pas rares ! — Et maintenant
quelle sera la morale de cet apologue ? — La voici :
Chérissez vos parents, qui pour vous ne reculent pas
devant les plus pénibles sacrifices ; obéissez-leur toujours et sans murmure, et ne passez pas une seule
journée sans remercier Dieu de vous avoir donné une
mère, un père, dont le cœur renferme des trésors
inépuisables de bonté et d'amour.

LE FLEUVE ET LE RUISSEAU.

·⊰⊹⊰⊱⊹⊱·

PARABOLE.

Une mère se promenait un jour avec sa fille dans une prairie émaillée de fleurs, que traversaient en serpentant les eaux transparentes d'un petit ruisseau. Non loin de là un fleuve majestueux s'écoulait avec fracas dans la plaine, fier du bruit de ses ondes.

O ma mère! quelle différence, s'écria la jeune fille, voyez comme ce fleuve orgueilleux roule avec fierté ses flots resplendissants; et comme ici, au contraire, cet humble et timide ruisseau s'écoule insignifiant et sans bruit.

Ils sont, l'un et l'autre, mon enfant, une frappante image de l'existence des hommes.

Pour quelques-uns, en effet, la vie c'est le fleuve superbe : leurs jours s'écoulent semblables à ces flots inconstants et bruyants.

Mais ce fleuve magnifique ravage souvent la contrée qu'il avait embellie, et devient alors l'effroi de ceux qui l'avaient admiré. Le laboureur, privé de ses moissons, pleure à côté de ses instruments rustiques, devenus inutiles dans ses mains.

Pour quelques autres, au contraire, la vie c'est ce modeste, mais calme et limpide ruisseau qui, toujours bienfaisant, fertilise sans bruit la prairie qu'il parcourt.

Et pourtant le ruisseau, aussi bien que le fleuve, prend sa source dans les profondeurs de la terre, et l'un et l'autre vont se perdre dans le vaste Océan, où nul ne saurait retrouver leur trace.

De même, mon enfant, les hommes ont un but commun et une commune origine, quelle que soit d'ailleurs leur condition sur la terre.

DIEU

Veille sur les Orphelins.

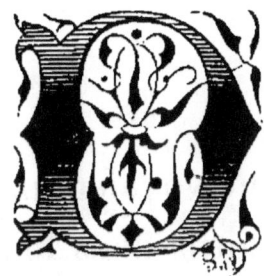

ans une belle forêt se remarquait un pin majestueux dont la cime autrefois d'un vert-foncé, maintenant recouverte d'une mousse blanchâtre, ressemblait à la tête d'un respectable vieillard. Dans la partie moyenne de cet arbre se trouvait un nid assez grand et très-bien construit, et dans ce nid étaient trois petits écureuils. Leur père avait déjà été tué dans la forêt par un impitoyable chasseur, et leur mère pouvait à peine suffire aux besoins de sa famélique progéniture. Aussi passait-elle tout le jour à leur chercher des graines de pin et des noisettes.

Un jour, elle venait de quitter ses petits pour cueillir des glands sur un chêne des environs, et, toute joyeuse, elle se caressait le museau avec la queue, quand tout à coup, aussi prompt que la foudre, un aigle, aux serres cruelles, fondit sur l'innocente créature et l'emporta dans les airs. Bientôt les oreilles et la queue du petit quadrupède, en tombant dans la forêt, n'expliquèrent que trop ce qu'il était devenu!

Cependant les petits écureuils ne voyaient pas revenir leur pauvre mère; blottis dans leur nid, ils n'avaient pas eu connaissance de sa mort. En vain essayaient-ils de descendre de l'arbre, ils ne savaient pas encore se tenir sur l'écorce raboteuse, car leurs ongles encore mous ne pouvaient leur être d'aucune utilité.

Ils commençaient déjà à ressentir les cruelles angoisses de la faim, quand le plus intelligent d'entre eux se mit à invoquer celui qui donne aux oiseaux leur pâture et aux lis leur blancheur.

Voici que du nord de la forêt s'élève un vent impétueux. La forêt mugit comme une mer que bouleversent les ouragans, et les feuilles s'élèvent en tourbillon comme l'écume des flots. Tous les chênes, tous les pins courbent leurs têtes ondoyantes; un seul résiste, c'est le pin aux écureuils. Ses branches, privées de sève et glacées par les ans, demeurent immobiles. Le vent, irrité par la résistance, redouble d'efforts, et le vieux pin miné à sa racine s'abat avec fracas.

Les écureuils sont lancés avec leur nid au milieu d'un bouquet de noisetiers et autres arbustes. Ils furent quelque temps étourdis de leur chute, mais bientôt ils reprirent leurs esprits, et, voyant par

terre des noisettes dorées, ils se hâtèrent de les cro-
quer.

A mesure qu'ils avaient dépouillé un noisetier
de ses fruits, ils s'avançaient vers un autre ; ainsi, au
bout de quelques semaines, ils apprirent à courir entre les buissons, voire même à grimper sur les ar-
bres.

Cependant l'automne touchait à sa fin, et les
nuits devenaient plus fraîches. Les pauvres
écureuils grelottaient de froid.... Que firent-
ils alors ?..... Ce qu'ils avaient déjà fait une fois, ils

invoquèrent celui qui les avait si bien secourus dans leur première détresse, et reprirent confiance.

Leur prière ne s'exhala pas en fumée, et des poils bien longs et bien épais remplacèrent ceux qu'ils avaient sur le corps. Lorsqu'ils se virent bien portants et bien fourrés, ils rendirent grâces à leur bienfaiteur.

Consolez-vous donc, orphelins, car celui qui veille sur les écureils saura aussi vous préserver de la faim et du froid.

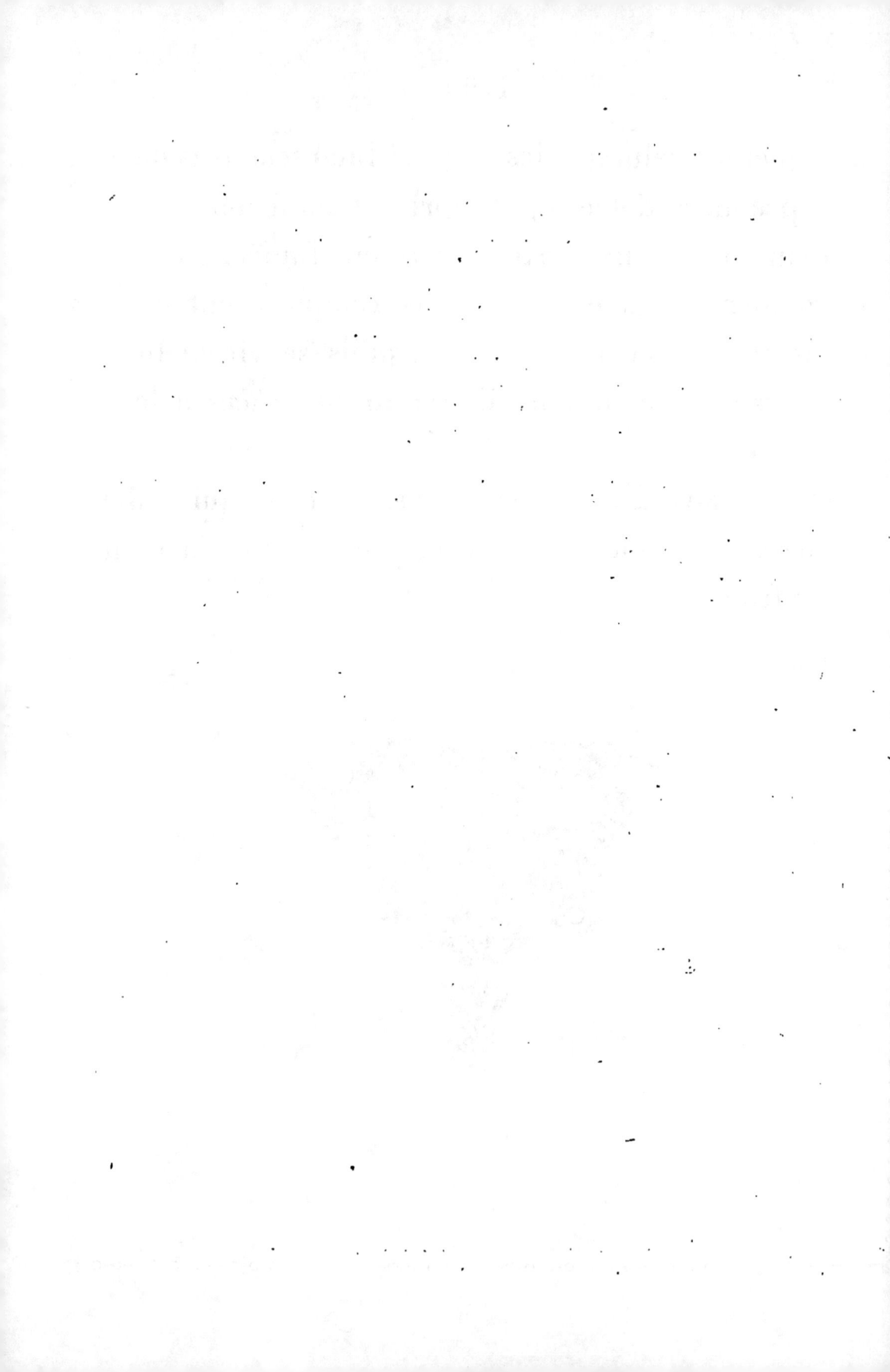

L'ENFANT

ET

LES FLEURS.

La gentille petite Thérèse avait été malade pendant la plus belle partie du printemps. Lorsqu'elle entra en convalescence, elle demanda si les fleurs étaient aussi belles que l'année précédente; car elle aimait les fleurs, mais sa faiblesse ne lui permettait pas encore d'en aller cueillir. Alors Éric, son frère, prit une corbeille et dit à leur mère commune en la tirant à part :

e vais chercher pour Thérèse les plus belles fleurs des champs que je pourrai trouver!

C'était la première fois qu'il voyait la campagne depuis la maladie de sa sœur chérie, dont il n'avait voulu quitter le chevet.

I lui semblait, lorsqu'il fut en plein air, que le printemps n'avait jamais été si beau; car son âme pieuse et aimante sentait et comprenait les divines harmonies de la nature.

L'enfant joyeux parcourait les coteaux et les val-

lées. Il écoutait le chant du rossignol, le bourdonne-
ment de l'abeille, tout en admirant le papillon folâ-
tre et les plus belles fleurs écloses à ses pieds. Il s'en
allait en chantant, en sautillant de colline en colline,
d'une fleur à l'autre. Son âme était aussi pure que le
ciel azuré au-dessus de sa tête, et son œil brillait
comme la source qui jaillit d'un rocher.

nfin, sa corbeille se trouva remplie des plus
belles fleurs ; il les avait couvertes d'une
guirlande de fraises, attachées comme des
perles à la tige d'une plante. L'heureux Éric contem-
plait en souriant le contenu de sa corbeille. Il s'assit
sur la mousse, à l'ombre d'un chêne. De là il regar-
dait avec plaisir le beau pays qui s'offrait à sa vue
dans tout l'éclat du printemps, et il prêtait l'oreille
aux accents mélodieux de deux rossignols. Mais sa
joie même avait contribué à le fatiguer : il s'endor-
mit doucement au chant des oiseaux.

L'aimable enfant goûtait un sommeil léger et pai-
sible.

Voici qu'un orage se montra à l'horizon : de sombres nuages s'élevèrent en silence; puis des éclairs sillonnèrent la nue, et la voix retentissante du tonnerre s'approcha de plus en plus. Tout à coup le vent mugit dans le feuillage du chêne, et réveilla le jeune garçon. Il vit le ciel voilé de nues menaçantes. Nul rayon du soleil n'éclairait la scène. Un coup de tonnerre épouvantable suivit le réveil du pauvre petit, qui demeura stupéfait de ce changement imprévu.

Déjà de grosses gouttes de pluie tombaient sur les feuilles de l'arbre qui lui prêtait son ombre. Alors l'enfant effrayé saisit son panier

et s'enfuit. L'orage était au-dessus de sa tête. La pluie

et le vent augmentaient à chaque instant, et le tonnerre grondait avec plus de force. L'eau ruisselait des boucles de ses cheveux et le long de ses épaules. A peine pouvait-il poursuivre son chemin. Soudain un grand coup de vent frappa la corbeille dans sa main et dispersa au loin ces fleurs qu'il s'était donné tant de peine à cueillir.

La colère alors altéra ses traits, et il lança le panier par terre. Enfin, il atteignit la demeure de ses parents, pleurant à chaudes larmes, et ses vêtements trempés par la pluie.

Bientôt cependant l'orage se dissipa, et le ciel s'éclaircit de nouveau. Les oiseaux recommencèrent leurs chants, et le laboureur reprit ses travaux. L'air était plus pur et plus frais qu'avant la tempête ; un doux calme régnait dans les vallées et sur les coteaux. Des émanations vivifiantes et parfumées s'élançaient du sein de la terre nouvellement arrosée. Tout semblait rajeuni, comme si la nature venait de sortir des mains de son bienveillant Créateur, et les villageois contemplaient avec reconnaissance les nuages éloignés qui avaient répandu la vie et l'abondance sur leurs champs.

Le coq faisait retentir la campagne de ses cris, rappelant ainsi près de lui ses compagnes dispersées par l'orage.

L e ciel éclairci engagea notre enfant intimidé à sortir de nouveau. Honteux de son emportement, il s'en alla inaperçu chercher sa corbeille et cueillir d'autres fleurs. Lui aussi se sentit ranimé. Le souffle de l'air rafraîchi, l'odeur des plantes, le feuillage des arbres, le chant des habitants ailés de la forêt, tout paraissait être embelli par la pluie bienfaisante. Le sentiment humiliant de sa folle et injuste colère rendit la joie d'Éric plus douce et modérée.

l retrouva la corbeille sur le penchant de la colline. Des ronces l'avaient arrêtée et protégée contre la fureur du vent. L'enfant jeta un regard de gratitude sur le buisson et en détacha son panier. Mais quelle fut sa surprise, lorsqu'en levant les yeux il vit la campagne d'alentour brillante comme le ciel étoilé du soir. La pluie avait fait surgir mille fleurs nouvelles; elle avait ouvert les corolles de mille boutons naissants, et au fond de chaque calice étincelait une goutte de rosée, semblable à une perle précieuse. Éric voltigeait comme l'abeille industrieuse et cueillait des fleurs.

Le soleil s'approchant alors du terme de sa carrière, l'enfant revint en hâte à la maison. Qu'il était joyeux de voir sa corbeille garnie de nouveau! qu'il était ravi de ce trésor de fleurs et puis de cette belle guirlande perlée, composée de fraises nouvelles! Sa jolie figure réfléchissait les derniers rayons du soleil couchant; mais de quelle satisfaction brillèrent ses yeux aux cris de remercîment et de joie de sa sœur reconnaissante.

N'est-il pas vrai, dit la bonne mère, que le plus doux des plaisirs est d'en procurer aux autres?

LES

DEUX SŒURS.

────◦◦─◦─◦◦─

I l y avait une fois un homme fort riche et très-intègre qui s'appelait Herzig, et qui avait deux filles, Rosette et Élise. Devenues de bonne heure orphelines par la mort prématurée de leur mère, ces petites filles avaient été confiées aux soins d'une sage et tendre gouvernante, qui s'occupait de leur éducation avec zèle et sollicitude.

Rosette, pénétrée des bonnes intentions de son institutrice, se livrait à l'étude avec plaisir ; mais il s'en fallait qu'il en fût ainsi d'Élise. Étudier l'ennuyait horriblement, et le plus souvent même, lorsqu'il s'agissait d'apprendre ses leçons, elle se mettait tristement à pleurer. Sa gouvernante venait-elle alors à s'absenter, vite elle courait à son miroir, et ne songeait plus qu'à arranger sa coiffure.

Un matin qu'elles étaient venues l'une et l'autre souhaiter le bonjour à leur père, celui-ci leur dit : « Mes enfants, je vous donne congé, aujourd'hui vous pourrez faire tout ce que vous voudrez : voici de l'argent, je verrai l'emploi que vous en aurez fait. » Rosette remercia tendrement son père ; mais Élise, trop contente pour s'occuper d'autre chose que de sa joie, sortit sans y avoir songé. « Oh ! comme je vais passer une bonne journée ! » dit-elle à sa sœur aussitôt qu'elle fut rentrée dans sa chambre, et elle se hâta d'inviter ses amies. Elle fit promptement ses prépa-

ratifs pour les recevoir ; après quoi, s'asseyant devant une glace, elle commença sa toilette.

Quant à Rosette, enveloppant soigneusement son
argent, elle le mit dans sa poche et se disposa à
sortir.

— « Ne veux-tu donc pas te divertir avec mes
amies ? » lui demanda Élise, « où comptes-tu donc
aller ?

— « Je parie que tu ne t'amuseras pas autant que
moi, » répondit Rosette. « J'irai me promener dans
la campagne avec ma chère gouvernante, que j'aime
tant ! » A cette réponse, Élise, éclatant de rire, sortit
en courant. Rosette alla aussitôt trouver madame S***
et la pria de venir avec elle chez une pauvre famille
qu'elles avaient déjà visitée ensemble.

— « Mais, mon enfant , » lui demanda sa gouver-
« nante, avez-vous de l'argent ? »

— « O bonne amie, » repartit l'aimable jeune fille,
« aujourd'hui il m'en a été donné beaucoup ; le pauvre
Charlot va être bien heureux ! »

— « Bonne et généreuse enfant, » s'écria la gouvernante attendrie, et serrant étroitement Rosette

dans ses bras, « conservez, oh! conservez toujours un aussi bon cœur! »

Sortant alors, elles hâtèrent le pas, et en moins d'un quart d'heure elles eurent atteint le village.

Madame S*** frappa à la chaumière du vieux Charlot, dont bien souvent déjà Rosette avait secouru la misère : une jolie petite fille aux yeux noirs ouvrit la porte et se mit à pleurer amèrement en baisant les mains de madame S***.

— « Bonne petite Rose, pourquoi pleures-tu? » lui demanda Rosette; et les yeux de la compatissante jeune fille se remplirent de larmes.

—« Hélas! » dit l'enfant, « mon pauvre père paraît vouloir mourir! » Et, toute tremblante, elle conduisit tristement les deux dames dans la chambre du malade.

Là elles trouvèrent le vieux Charlot, que le mal avait affaibli, couché sur la paille et couvert de haillons qui laissaient apercevoir son corps amaigri et décharné.

A cette vue, Rosette effrayée ouvrit sa bourse et la donnant à la petite :

— « Tiens, » dit-elle, « voici de quoi faire une bonne soupe à ton père, cela lui rendra des forces. »

L'enfant courut aussitôt vers sa mère qui pleurait assise dans un coin, et, toute joyeuse, lui donna l'argent. Alors Charlot ouvrit les yeux, et l'heureuse mère lui ayant raconté, non sans pleurer beaucoup, ce qui venait de se passer, il voulut, dans l'excès de sa reconnaissance, se précipiter aux pieds de Rosette et de sa gouvernante avec sa femme et ses deux enfants; mais ces dames l'en empêchèrent. Rosette, détachant même son fichu, le jeta autour du cou du vieillard; madame S*** en fit autant; et, disant alors adieu à cette famille, elles quittèrent l'une et l'autre la chaumière.

Invitées par la belle soirée à prolonger leur promenade dans les champs voisins, elles marchèrent longtemps en silence, mais Rosette, le rompant à la fin, s'écria :

— « O bonne amie, qu'il est doux de faire du

bien, qu'il y a de joie dans une bonne action !
Qu'est-ce que ma sœur aura pu faire qui vaille ma
journée ? »

Après s'être encore promenées quelques instants,
elles rentrèrent à la maison, où elles trouvèrent une
nombreuse réunion de jeunes filles. Élise, qui était
ravie de l'emploi de son temps, s'adressant à sa sœur,
lui dit ironiquement :

— « T'es-tu bien amusée ? »

— « Oh ! délicieusement, » fut la réponse de Rosette.

— « Où as-tu donc été? »

— « Chez le vieux Charlot. »

Éclatant de rire à ces mots, Élise courut aussitôt
chez son père.

— « Cher papa, » dit-elle, « permettez que je
vous conte quelque chose. Imaginez-vous que Rosette a été chez le vieux Charlot et lui a laissé tout
l'argent que vous lui aviez donné! »

Mais son père, heureux et touché du bon cœur de
Rosette, l'appela et lui dit :

— « Chère enfant, tu as fait un si bon emploi de ton argent que je veux maintenant t'en donner d'autre pour te récompenser. »

Mais, s'apercevant aussitôt que le front de sa sœur était devenu soucieux, Rosette s'empressa de remercier son tendre père et sortit. Élise la suivit, et, s'approchant d'elle, s'écria avec dépit :

— « Maintenant rien ne saurait plus me faire plaisir. »

Au même instant, Rosette lui glissant quelque chose dans la main, elle y jeta les yeux et vit, non sans confusion, que cette aimable sœur partageait avec elle l'argent qu'elle venait de recevoir. Honteuse et attendrie, elle l'en remercia par un doux baiser.

Rentrant alors ensemble dans le salon, où elles manquaient depuis long-temps, elles s'y amusèrent avec leurs amies jusqu'à ce que l'horloge eût sonné dix heures.

Un autre matin qu'elles étaient ensemble à déjeuner, on vint leur annoncer que M. de R... les faisait inviter à passer la soirée chez lui.

— « Quel bonheur ! » s'écria Élise ; Rosette en témoigna aussi sa satisfaction, mais plus modérément.

Élise, toute joyeuse, eut bientôt entièrement dépensé l'argent de ses menus plaisirs en fleurs et en rubans pour se faire une belle toilette.

— « Il me reste encore quelque chose à désirer, » dit-elle à sa sœur.

— « Et que voudrais-tu donc ? » lui demanda celle-ci.

— « Ce que je désire, c'est que ma toilette puisse éclipser celles de toutes les autres jeunes personnes qui seront ce soir chez M. de R... »

Rosette ne put s'empêcher de sourire d'un pareil souhait.

Le soir venu, elles montèrent en voiture ; Élise follement parée, Rosette mise bien plus simplement, il est vrai, mais avec bien plus de goût que sa sœur. Promptement arrivées à l'hôtel de R..., on les annonça dans le salon, qui était éclairé magnifiquement et où elles trouvèrent le maître et la maîtresse de la maison, entourés de leurs quatre enfants. Après avoir

salué M. et madame de R..., elles se mirent à causer
avec leurs filles, Gertrude et Geneviève.

— « Nous espérons bien, » dirent celles-ci, « que
vous êtes venues pour vous divertir avec nous. »

— « Mais, » demanda Élise, « viendra-t-il donc
encore d'autres personnes ? »

« Oh ! pour cela, oui, » répondit Gertrude, nous
« avons aujourd'hui un petit bal. Vous verrez, je
vais vous conduire dans ma chambre, où, je vous
le dis en confidence, se trouvent déjà beaucoup
d'autres jeunes personnes. »

En attendant que toutes celles qui étaient invitées
fussent arrivées, Gertrude et Élise se mirent à bavar-
der sur mille bagatelles, tandis que Rosette et Geneviève s'amusèrent à causer de choses intéressantes.
Lorsque enfin toute la petite société se trouva réunie
et que Jules et Ferdinand, les fils de M. de R..., eurent
de leur côté reçu leurs amis, ils s'amusèrent toute la
soirée joyeusement et innocemment. Lorsque vint
l'heure de se séparer, Rosette ayant été dire adieu
à madame de R..., celle-ci l'engagea à revenir sou-

vent voir ses filles ; la pauvre Élise ne reçut pas la même invitation, car elle ne savait s'attirer l'affection de personne, tandis que par ses manières gracieuses et aimables sa sœur se faisait aimer de tout le monde.

Simplicité et bon cœur, valent mieux pour plaire que coquetterie et vanité.

L'INSTRUCTION ET L'AMUSEMENT

DES ENFANTS.

Les jeunes insulaires, imité de l'anglais, par O. Fournier, très-intéressant volume, orné de charmantes gravures.

L'Almanach des enfants, ou les corps célestes, les météores et les plantes, à la portée du jeune âge, par T. Dehay, secrétaire-général de la Société de statistique universelle, dessins explicatifs et instructifs par les premiers artistes. Cet ouvrage expliquera aux enfants tout ce qu'ils rencontrent dans les almanachs, et leur donnera les premiers éléments d'astronomie, de botanique, etc. Prix,   2 fr. 50 c.

Éducation maternelle, par madame A. Tastu, nouvelle édition, revue par l'auteur, et ornée d'une infinité de dessins exécutés sous la direction de M. Ch. Philipon. Cet ouvrage est également sous presse; il formera un cours complet d'éducation pour la première enfance, sera divisé en neuf parties et orné de 4 ou 500 gravures. Prix,   15 fr.

La Morale en images, 40 dessins, par MM. Alophe, Beaune, Charlet, Devéria, Jules David, Forest, Francis, Grenier, Janet-Lange, Léon, Noël, C. Roqueplan et autres artistes; 40 charmantes petites nouvelles, par l'abbé de Savigny, Castellan, E. Foa, Fournier, L. Guérin, Michelant et autres. Ce livre est une des plus morales et des plus jolies publications entreprises depuis longtemps. Le volume broché,   10 fr.

Œuvres du chanoine Schmidt, illustrées, par Gavarni, Bertrand, Perry, Géniole, J. David, etc. Un magnifique volume de 800 pages, grand in-8°, jésus vélin, contenant un nombre infini de gravures sur bois, lithographies, etc., etc., et un beau titre gravé et rehaussé d'or. Traduction nouvelle, par Cerfberr de Medelsheim. Prix,   20 fr.
Cette édition se publie sous les auspices de son Altesse royale madame la duchesse d'Orléans, et a été adoptée comme livre de lecture pour Messeigneurs les Princes, ses fils.

Le vocabulaire illustré par plus de 800 dessins gravés sur bois et intercalés dans le texte. Grand in-8°. Prix, broché,   12 fr.
     Cartonné,   14 fr.
     Cartonnage riche,   16 fr.

Les bigarrures de l'esprit humain, album illustré par des compositions de Victor Adam, avec un texte, 24 planches.
     Cartonné,   10 fr.

Fantaisies artistiques, dessins par le même artiste, texte intéressant. Broché,   7 fr.
     Cartonné,   9 fr.

Folies amusantes, dessins du même artiste, texte amusant. Cartonné 5 fr.

L'Abécédaire, miniature en action, joujou instructif, avec un joli texte et plus de 100 petits dessins. Prix cartonné, couleur,   6 fr.
     Les dessins seuls,   2 fr.

Alphabet pittoresque, par Bouchot; ce petit livre-album est destiné à apprendre la lecture aux enfants.
     Cartonné,   3 fr.
     Colorié et cartonné,   6 fr.

L'Alphabet illustré, par E. Forest, 23 dessins gravés sur bois.   1 fr.

Alphabet en bandes, 20 alphabets différents, disposés en grandes bandes qui se replient sur elles-mêmes et se ferment dans une jolie petite couverture oblongue en carton.
Ces alphabets sont bien supérieurs à ce qui se fait en ce genre: ils sont dessinés par MM. Daumier, Forest, Lasalle, et autres artistes distingués. Prix de chaque, en noir,   2 fr.
     en couleur,   4 fr.

Le livre-album, petit livre oblong, contenant des lithographies et un texte intéressant. Broché,   5 fr.
     Cartonné,   6 fr.

Polichinelle, très-joli petit volume, contenant une espèce de comédie enfantine, dont le héros est le seigneur Polichinelle. Illustrations gravées sur bois. Prix cartonné avec élégance,   4 fr.

Dix ans de la vie d'une jeune fille, texte de madame Bodin. 10 jolies lithographies par Ch. Bour. Cartonné, 12 fr.
En couleur, cartonné, 20 fr.
Historiettes et images, texte par l'abbé Laurence de Savigny ; livre-album pour les enfants. Prix, broché, 12 fr.
Cartonné, 14 fr.
Le bonheur des enfants, texte par l'abbé Laurence de Savigny ; plus de 200 gravures sur bois et 40 jolies lithographies.
Prix, cartonné, 12 fr.
En couleur, cartonné, 18 fr.
— Le même ouvrage, sans les 40 lithographies, seulement le texte et les 200 gravures sur bois, 6 fr.
Cartonné, 8 fr.

— Le même ouvrage. composé seulement des 40 jolies lithographies, broché, 6 fr.
Cartonné, 8 fr.
Galerie pittoresque de là jeunesse, ornée de 40 lithographies d'après Victor Adam, texte de madame Alida de Savignac. Cartonné, 10 fr.
Colorié avec soin par un artiste, 25 fr.
Les 40 lithogr. seules, brochées, 6 fr.
La mère Gigogne, texte de madame Alida de Savignac, dessins d'après Victor Adam, charmant petit livre-album pour les enfants.
Cartonné, 9 fr.
Colorié par un artiste, 18 fr.
Dessins seuls, brochés, 4 fr.

Albums pour Soirées et Cadeaux.

Le bien et le mal, par V. Adam, 24 pl.
Prix, en noir, 12 fr.
En couleur, 50 fr.
Il existe 4 albums variés qui se vendent ensemble ou séparément.
Les charades alphabétiques, par Victor Adam, 25 belles planches. Prix, broché, 10 fr.
Cartonné, 12 fr.
Couleur, cartonné, 25 fr.
Nouvel abécédaire, par le même artiste, 25 planches avec titres en français et en anglais ; même prix que le précédent.
Les passe-temps, par le même artiste, beaux-albums, très-grand in-4°, contenant des myriades de petits dessins.
La collection forme deux albums de 90 feuilles. Chacun de ces albums se vend séparément, cartonné en noir. 55 fr.
Il existe des albums de 40 feuilles. Prix, broché, noir, 24 fr.
Cartonné, id. 26 fr.
Des albums de 20 feuilles, noir, brochés, 12 fr.
Cartonnés, 14 fr.
En couleur, chaque album de 90 feuilles, 135 fr.
Id. de 40 feuilles, 60 fr.
Id. de 20 feuilles, 30 fr.
Albums des demoiselles. Sujets choisis dans la belle collection de la *Revue des peintres.* Prix, broché, 6 fr.
Cartonné, 8 fr.
Le coloriste de la fleur, par Boussenot ; album destiné à enseigner à colorier les fleurs. Chaque feuille en noir est accompagnée d'un modèle colorié et de

toutes les indications nécessaires pour mettre à même de copier ce coloris.
Prix, cartonné, 20 fr.
Un million de croquis, joli petit album, dont le titre est un peu menteur, mais qui n'en reste pas moins un des ouvrages les plus goûtés pour cadeaux d'enfants. Prix, broché, 5 fr.
Cartonné, 6 fr.
En couleur et cartonné, 12 fr.
Album des salons. Choix de belles lithographies de MM. Charlet, Devéria, Roqueplan, Léon Noël, Francis et autres.
Cartonnage de luxe, 4 fr.
Album des petits enfants. Petit joujou lithographique, composé de sujets propres à l'amusement des enfants.
Prix, cartonné, noir, 4 fr.
En couleur, 8 fr.
Étrennes aux petites demoiselles, album de sujets choisis pour les jeunes personnes. Prix. 6 fr.
Album alphabétique, petit album dans lequel les personnages sont rangés par ordre alphabétique, pour enseigner la lecture aux enfants. Prix, en noir, cartonné, 3 fr.
En couleur, cartonné, 6 fr.
France et Italie. Vue des deux pays.
Prix broché, 6 fr.
Cartonné, 8 fr.
Le livre d'images, 50 feuilles de genres très-variés : figures, paysages, caricatures, sujets de genres, etc. Il en paraît un nouveau tous les deux ans. Prix en noir, broché, 6 fr.
Cartonné, 8 fr.
En couleur, cartonné, 15 fr.

www.ingramcontent.com/pod-product-compliance
Lightning Source LLC
Chambersburg PA
CBHW070944100426
42738CB00010BA/1960